Bibliografische Information der Deutschen Nationalbibliothek:

Die Deutsche Bibliothek verzeichnet diese Publikation in der Deutschen National-
bibliografie; detaillierte bibliografische Daten sind im Internet über http://dnb.d-
nb.de/ abrufbar.

Impressum:

Copyright © 2019 GRIN Verlag
Druck und Bindung: Books on Demand GmbH, Norderstedt Germany
ISBN: 9783346053039

Dieses Buch bei GRIN:

https://www.grin.com/document/506485

Hartmut Birett

Zur Logik von Computern. Haben Computer ein Selbstbewusstsein?

GRIN Verlag

GRIN - Your knowledge has value

Der GRIN Verlag publiziert seit 1998 wissenschaftliche Arbeiten von Studenten, Hochschullehrern und anderen Akademikern als eBook und gedrucktes Buch. Die Verlagswebsite www.grin.com ist die ideale Plattform zur Veröffentlichung von Hausarbeiten, Abschlussarbeiten, wissenschaftlichen Aufsätzen, Dissertationen und Fachbüchern.

Besuchen Sie uns im Internet:

http://www.grin.com/

http://www.facebook.com/grincom

http://www.twitter.com/grin_com

Zum Selbstbewußtsein der Computer

Inhalt

1 Problemstellung 2

    2. 1 Feder-Schnur-Gatter 2

    2.2 Lochkarten-Gatter 4

    2.3 Hebel-Gatter 4

    2.4 Pneumatische Gatter 5

    2.5 Magnetkern-Gatter 7

    2.6 Elektromechanische Gatter 7

    2.7 Schalter-Gatter 7

    2.8 Relais-Gatter 8

    2.9 Röhren-Gatter 9

    2.10 Halbleiter-Gatter 9

    2.11 Bewertung 13

3. Nervenzelle 13

4. Und nun? 14

5 Anhang 15

    5.1 Vereinfachte Erläuterung zum Transistor 15

    5.2 Selbstbau des Feder-Schnur-Gatters 16

Quellen 17

1 Problemstellung

Manche Autoren gehen „bis zum Beweis des Gegenteils" ([1]) davon aus, daß es bald so umfangreiche und komplizierte Computer gibt, daß sie sich ihrer Informationsverarbeitung bewußt werden. Andere sind „bis zum Bweis des Gegenteils" ([2]) vom Gegenteil überzeugt. Von Schüler/innen hört man auch diese zwei Meinungen. Damit vermischt sich oft die Frage, ob Computer logische Entscheidungen treffen können.

Schüler/innen, die zur Logik der Computer etwas sagen, verstehen darunter meist die Boolsche Aussagelogik. Einige wissen, daß man durch eine Kombination nur von NAND's oder durch eine Kombination nur von NOR's alle übrigen logischen Rechenoperationen ausdrücken kann ([3]).
Manche wissen, daß es neben dieser zweiwertigen auch eine dreiwertige Logik oder eine mit unscharfen Abgrenzungen der Begriffe oder Aussagen (Injunktionen ([4]) z.b. bei der Fuzzy-Logik ([5]) verwendet wird.

Den Speicher und den Prozessor des Computers kann man als Kombination vieler z.b. NAND's aufbauen. Als ein Emergenz-Phänomen (also irgendwie in den Bausteinen schon angelegt) oder als ein Fulguration-Phänomen (also in seiner Ausprägung nicht vorhersagbar) ([6]) soll er einmal Selbstbewußtsein erlangen.
Da ist es für mich von Interesse, ob dies von seinen Bauteilen abhängig sein soll. Zuerst also etwas über die NAND-Gatter.

2. 1 Feder-Schnur-Gatter

Als einfaches Beispiel kann ein mechanisches Gatter aus „Apraphul" (aus zwei Federn, 4 Rollen und etwas Schnur) dienen ([7]).

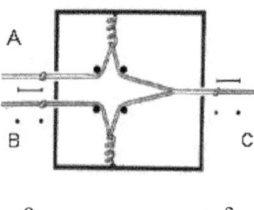

Abb. 1   α β   γ δ

Dieses Gatter manipuliert den Zustand (Knoten bei γ oder δ) an dem Ort C in Abhängigkeit von den Zuständen (Knoten bei α oder β) an zwei Orten A und B.
Statt „Knoten bei α" kann man die Zustände auch mit „fern vom Gatter" oder „in Leserichtung links" (und vielleicht auch noch anders) beschreiben.
Bei zwei Eingängen existieren vier Eingangswerte-Kombinationen (a bis d):

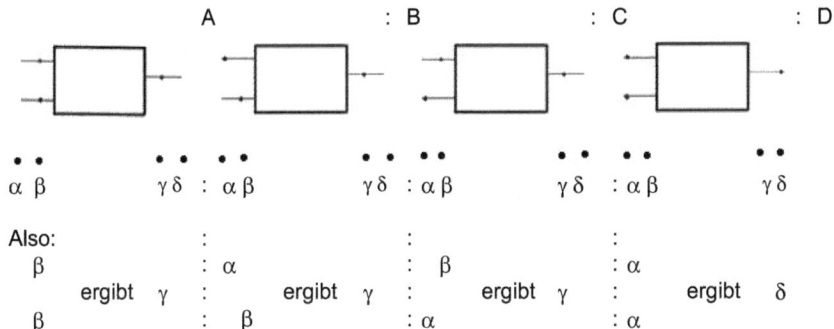

Also:

β	: α	: β	: α
ergibt γ :	ergibt γ :	ergibt γ :	ergibt δ
β	: β	: α	: α

Wenn man Schüler/innen ermitteln läßt, welche Rechenoperation von diesem einfachen Modul (im Anhang **5.2** ist ein schnell erstellter Aufbau dieses Gatters abgebildet) ausgeführt wird, wenn sie also die Zustände α, β, γ und δ den Begriffen **wahr** (oder **ja**) und **falsch** (oder **nein**) bzw. den logischen Werte **1** und **0** zuordnen sollen, so erhält man 4 verschiedenen Varianten:

Abb.		Mechanische Zustände Als Tabelle	:	1. Zum Modul: nah=1 fern=0	2. Zum Modul: nah=0 fern=1	3. In Leserichtung: links=1 rechts=0	4. In Leserichtung: links=0 rechts=1
	:	$A\,B \to C$	:	$A\,B \to C$	$A\,B \to C$	$A\,B \to C$	$A\,B \to C$
A	:	$\beta\,\beta \to \gamma$	:	$1\,1 \rangle 1$	$0\,0 \to 0$	$0\,0 \to 1$	$1\,1 \to 0$
B	:	$\alpha\,\beta \to \gamma$	:	$0\,1 \to 1$	$1\,0 \to 0$	$1\,0 \to 1$	$0\,1 \to 0$
C	:	$\beta\,\alpha \to \gamma$	:	$1\,0 \to 1$	$0\,1 \to 0$	$0\,1 \to 1$	$1\,0 \to 0$
D	:	$\alpha\,\alpha \to \delta$	:	$0\,0 \to 0$	$1\,1 \to 1$	$1\,1 \to 0$	$0\,0 \to 1$
	:	Genannt:	:	ODER	UND	NICHT UND	NICHT ODER
	:		:	OR	AND	NAND	NOR

Je nach Interpretation „errechnet" also dieses **eine** Gatter **vier** verschiedene logische Operationen.

3

2.2 Lochkarten-Gatter

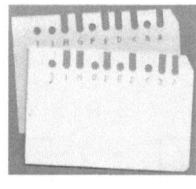

Mit Randlochkarten (Abb.2 als Orginal und Abb. 3 zur Demonstration) ([8]) wurden früher Merkmale sortiert.

Zum Abspeichern eines Merkmals wird der Rand über dem entsprechenden Loch ausgestanzt.

Abb. 2   Abb. 3

Auf beiden Karten der Abb. 3 sind A, D und H identisch.

Zur Orientierung werden auf einer Deck-Karte an die Lochreihen die Merkmale geschrieben

Zum Suchen stapelt man die Karten zusammen (es gibt eine abgeschrägte Kante zur Orientierung), steckt eine Stricknadel durch das relevante Loch und zieht sie hoch. Alle Karten mit den ausgestanzten Löchern, also mit dem Merkmal, fallen aus dem Stoß. Dann wiederholt man den Vorgang für das nächste Merkmal. Es ist natürlich auch möglich, nicht nacheinander, sondern mit zwei Nadeln gleichzeitig zu sortieren.

Bei den Karten mit den zwei Lochreihen kann z.B. die äußere Reihe nur ein Hinweis auf eine andere Literatur sein und die zweite Lochreihe auf eine wichtige Quelle hinweisen.

Nun kann man eine Zuordnung zu logischen Verknüpfungen verabreden:

Öffnung A B	Karte	1. A B → C	2. A B → C	3. A B → C	4. A B → C
zu zu	bleibt	1 1 → 1	0 0 → 0	1 1 → 1	1 1 → 0
auf zu	bleibt	0 1 → 0	1 0 → 1	1 0 → 1	0 1 → 0
zu auf	bleibt	1 0 → 0	0 1 → 1	0 1 → 1	1 0 → 0
auf auf	fällt	0 0 → 0	1 1 → 1	0 0 → 0	0 0 → 1
	Genannt:	UND AND	NICHT UND NAND	ODER OR	NICHT ODER NOR

Die Randloch-Karteikarte wurden wohl als UND-Verknüpfung benutzt, aber natürlich für mehr als nur für zwei Merkmale.

2.3 Hebel-Gatter

Die Hebelverriegelung in Schlössern mit Bart- oder mit Sicherheitsschlüsseln stellen ebenfalls binäre Verknüpfungen her. Z.B. kann man beim Sicherheitsschloß das Ergebnis, daß der Zylinder gedreht werden kann, als logisch 1 (oder als logisch 0) interpretieren. Zum Drehen müssen sich dann die einzelnen Zuhaltungen durch die Schlüsselform in der Stellung wie Abb. 5 (dann z.B. logische 1 genannt) befinden. Es liegt dann eine UND-Verknüpfung (oder eine NAND-Verknüpfung) vor. Kann der Schlüssel von beiden Schloßseiten das Schloß öffnen, haben wir zusätzlich eine ODER-Verknüpfung.

4

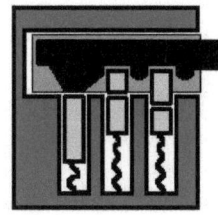 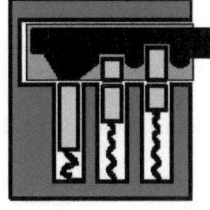

2 Sorten Schlüssel
Zylinder, drehbar

Schloß mit 3 Zuhaltungen
([9]).

Abb. 4   Abb. 5

2.4 Pneumatische Gatter

Bei hydraulischen und pneumatischen Maschinen, die sicher in einem sehr großen Temperaturbereich oder in starken elektromagnetischen oder radioaktiven Störfeldern arbeiten sollen, werden z.T. pneumatische Gatter eingesetzt. Davon fand ich folgende Varianten ([10]).

1. Fluidik-Gatter

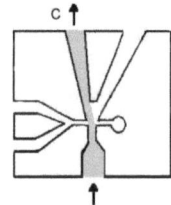 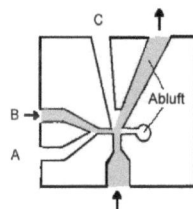

Ein Luftstrahl oder ein Flüssigkeitsstrahl legt sich an eine Wand an, was mit dem sogenannten Coanda-Effekt beschrieben wird.

Abb. 6

Verabredung I	Verabredung II
Ohne Druckluft 1	0
Mit Druckluft 0	1
Also ein NAND-Gatter,	also ein NOR-Gatter

Es wird wohl in der Regel Verabredung II, hier also als NOR-Gatter, verwendet Würde der Abluft-Ausgang als Datenausgang benutzt, hätte man ein UND- bzw. ein ODER-Gatter.

Der zuführende Luftstrom (unterer Pfeil) symbolisiert keinen logischen Zustand, der obere dient als Steuerungsstrom für das Folge-Gatter.

Die Konstruktion erfolgte in diesem Fall so, daß
1. ohne Druck von A oder B her, die Strömung zu C verläuft und
2. der Druck bei C größer als der (notwendige) bei A oder B ist, also eine Verstärkung vorliegt und mehrere Folge-Gatter angesteuert werden können.

Bei einem demonstrierten Modul war die Anordnung und Form der Kanäle so gewählt, daß die Flip-Flop Funktion (Speicher) erfüllt wurde.

2. Turbulenz-Gatter

Liegt an den Eingängen A und B kein Druck vor, so strömt die Luft laminar zum Ausgang C (Abb. 7). Strömt entweder vom Eingang A oder B oder von beiden Luft ein (Abb. 8), wird der laminare Luftstrom turbulent und entweicht nicht durch den Ausgang C, sondern durch den Abluftkanal.
Gilt die Verabredung: hoher Druck entspricht 1 und niedriger 0, so verwendet man das Modul als NOR-Gatter.

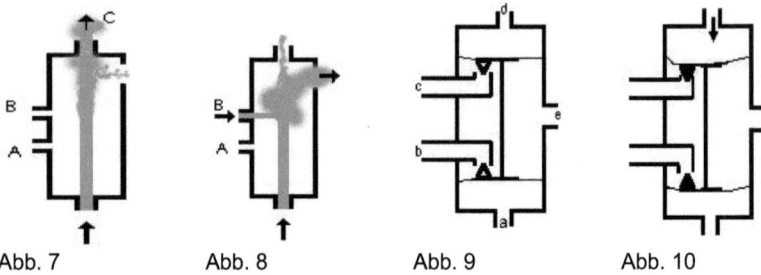

| Abb. 7 | Abb. 8 | Abb. 9 | Abb. 10 |

3. Doppelmembran-Gatter

Je nach Anschluß der Leitungen erfüllt dieses Modul verschiedene Funktionen.
Abb. 9 zeigt es in Ruhestellung, wenn bei den Anschlüssen a und d der gleiche Steuerdruck (also beide hoch oder beide niedrig) vorliegt. Dann kann Luft von den Eingängen b und c zum Ausgang e gelangen.
Abb. 10 zeigt es in einer der beiden möglichen Arbeitsstellungen. Hier ist der Druck beim Eingang d hoch und der beim Eingang a niedrig, also wird Eingang c geschlossen. Die beiden Verschlußpfropfen sind starr miteinander verbunden. Die Kanäle b und c können also beide offen sein oder nur einer von beiden ist geschlossen.
Verwendung:
a) Die Kanäle a und b bleiben unbenutzt und an Kanal c liegt ein Steuerdruck an. Dann ergibt sich am Ausgang e der inverse Druck zum Eingang d. Das Modul wird also als NICHT-Gatter benutzt..
b) Kanal b bleibt unbenutzt und an Kanal d liegt ein Steuerdruck an. Die Luft von Eingang c kann nur dann zum Ausgang e, wenn auch an Eingang a Druck anliegt: Das Modul wird also als UND-Gatter benutzt. Beide in Reihe ergeben ein NAND-Gatter.

2.5 Magnetkern-Gatter

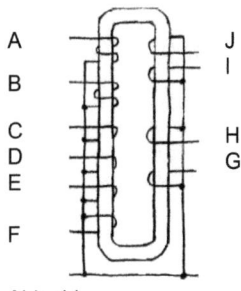

A — J
B — I
C — H
D —
E — G
F

Abb. 11

Auf einem Ferritring befinden sich mehrere Spulen ([11]). (Sie sind hier in der Abbildung auf eine bzw. zwei Windungen reduziert und der Ring ist für eine einfachere Zeichnung zum Rechteck verformt.)
Zur Ummagnetisierung des Ferritkerns kann nur Spule A oder nur Spule B aktiviert werden (NOR- oder OR-Funktion) oder
zwei der drei Spulen C, D oder E gleichzeitig aktiviert werden (NAND- oder AND-Funktion und gleichzeitig die Majoritäts-Funktion).

Die Ausgangsspulen I und J ergeben inverse Antworten, daher steht oben z.b.: NAND - oder AND - Funktion.
Wird gleichzeitig auch Spule F aktiviert, so hebt diese die Wirkung von z.b. Spule C auf oder reduziert die magnetisierende Wirkung von z.b. Spule A.

Mit Spule G kann die Ansprechschwelle der Spulen A bis F erhöht oder auch erniedrigt werden. Das ist eventuell bei der Majoritäts-Funktion von Nutzen.
Zum Abfragen wird an der Spule H ein Impuls erzeugt. Kommt es dabei zur Ummagnetisierung des Ferritkerns, so wird in den Ausgangsspulen I und J ein Spannungsstoß induziert.
Je nach Wicklungssinn der Ausgangsspule liegt eine direkte (z.b. UND) oder die dazu inverse Funktion (z.b. NAND) vor.

In Japan wurde der Rechner Musaino um 1957 und in Kanada die Rechner SIRUS und ORION 1 um 1960 mit dieser Sorte Gatter gebaut ([12]).

2.6 Elektromechanische Gatter

Der Rechner Z1 (1938) von Konrad Zuse enthält mechanische Bauteile.
Abbildung im Internet ([13]).

2.7 Schalter-Gatter

Z.B. konnte so ab etwa 1968 mit dem Logikus ([14]) die Grundzüge der Zuordnung der Boolschen Algebra mit den Werten 0 und 1 zur sogenannten Schalteralgebra mit den Werten L (Strom kann fließen) und O (Strom kann nicht fließen) ausprobiert werden.
Allerdings muß man - wie bei **1.** - die Schalterbewegungen noch mechanisch ausführen.

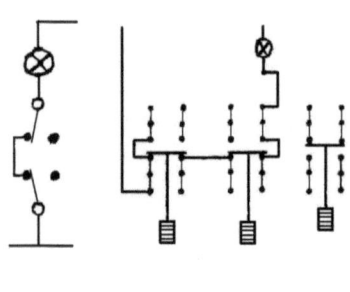 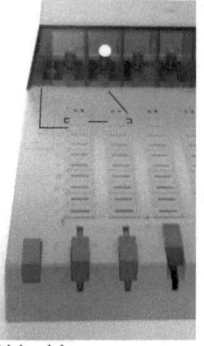

Die Abb. 12 zeigt das Schaltbild für die NAND-Funktion, die Abb. 13 die notwendige Verdrahtung des „Spaghettiprozessors"[15] und Abb. 14 ein Foto des Logikus. Ein Lämpchen leuchtet.

Abb. 12   Abb. 13   Abb. 14

Der Schiebeschalter ganz rechts in Abb. 13 und 14 - hier ohne Funktion - ist in der alternativen Stellung.
Man mag das Entwerfen eines „Verdrahtungsplans" und Herstellen der Steckverbindungen archaisch finden, aber bei Analogrechnern besteht die Programmierung auch durch Herstellen von Verbindungen.

2.8 Relais-Gatter

2.8.1 Im Zuse-Rechner Z2 (1939) wurden Relais-Gatter verwendet. Abbildung im Internet [13].
Zur Ansteuerung von Maschinen wurden verschiedene Relais-Gatter verwendet [16].

Als Demonstrationsgeräte für die Schule gab es den

2.8.2 Isomat [17], mit dem man durch Auflage von verschiedenen Deckblättern bei gleicher Relaisanordung die Schalteranordnung, die logische Struktur oder ein einfaches Nervennetz veranschaulichen konnte.

2.8.3 Ein programmierbarer Relais-Rechner für die Schule [18] (den Namen weiß ich nicht mehr) hatte einen 1 Bit -Prozessor und verfügte über 8 Befehle.

2.8.4 Zur einfachen Demonstration läßt sich ein NAND-Gatter mit 2 Relais A und B wie in Abb. 8 zusammenbauen. Gezeichnet ist der stromlose Ruhezustand. Das Relais Z hat keine logische Funktion, es trennt, wenn der Ausgang Q_z benutzt wird, vergleichbare Aufbauen bei Parallelschaltungen von einander. Man spricht von einer Tristate-Schaltung.

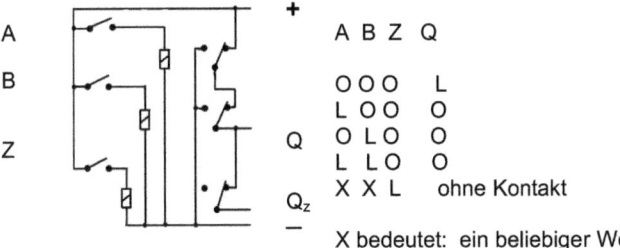

A

B

Z

Q

Q_z

Abb. 11

A	B	Z	Q
O	O	O	L
L	O	O	O
O	L	O	O
L	L	O	O
X	X	L	ohne Kontakt

X bedeutet: ein beliebiger Wert

Beim Relais dachten Schüler auch ans Morsen. So wird manchmal angegeben ([19]), daß der Morse-Code ein Binär-Code sei: Punkt und Strich.
Er besteht aber
1. entweder aus: a) Punkt, b) Strich, c) kurze Pause (dazwischen), d) mittlere Pause (zwischen zwei Buchstaben) und e) lange Pause (zwischen zwei Worten)
oder
2. es werden Schreiben S und Nichtschreiben S̲ als Binärcode gewählt und außerdem ist ein Zeittakt vorgegeben. Dann entspricht z.B.
dem Punkt: SS̲
dem Strich: S S S̲
der Pause zwischen zwei Buchstaben: S̲
der Pause zwischen zwei Worten: S̲S̲

2.9 Röhren-Gatter

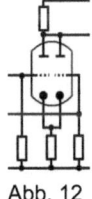

Abb. 12

Die Abb. zeigt eine Demonstrations-Schaltung für ein NOR-Gatter. Wie die tatsächlichen Schaltungen aussahen, habe ich nicht gefunden ([20]).
Die Röhrenrechner hatten wohl auf Grund der großen Wärmeproduktion den Nachteil, daß immer wieder defekte Röhren gesucht und ausgetauscht werden mußten. Der Rechner DERA (1961, TH-Darmstadt) enthielt etwa 1400 Röhren ([21]).

2.10 Halbleiter-Gatter

(Nur mal zum Vergleich zum DERA:
Der 16 Bit Intel-Prozessor 80468 aus dem Jahr 1989 enthält etwa $1,2 \times 10^6$ Transistoren auf einer Fläche von etwa 2 cm² und er hat 196 Anschluß-Kontakte.

Die Stromversorgung der Schaltungen war nicht einheitlich.
Die Betriebsspannung liegt, je nach Schaltung - zwischen U = 3,3 V und U = 24 V. Anfangs waren zwei in Reihe geschaltete Spannungsquellen notwendig. Der Verbindungspunkt wird gnd (Grund) genannt. Dann ergeben sich z.B. die Pegel
P = + 6 V, gnd = 0 V und N = - 6V (Vgl. Anhang 1.)
Man bezeichnet heute den positivsten Pegel als H (high) und den negativsten als L (low).([22]).

Dann ging man zu nur einer Spannungsquelle mit z.B. U = 5 V über und legte den Pluspol auf Masse. Vermutlich, weil man PNP -Transistoren verwendete.

So galt für die Zuordnung von elektrischem Pegel zum logischen Wahrheitswert bis etwa 1970 die Verabredung, daß
der Pegel L dem Wahrheitswert L (oder der Ziffer 1) und
der Pegel H dem Wahrheitswert O (oder der Ziffer 0) entsprechen soll ([23]).
Man spricht heute bei dieser Zuordnung von „negativer Logik".
Sie wird meines Wissens nur noch bei der seriellen Schnittstelle RS232 benutzt ([24]).
Dann - wohl mit der Verbreitung der NPN - Transistoren - verabredete man, daß der Pegel H dem Wahrheitswert L (oder der Ziffer 1) und
der Pegel L dem Wahrheitswert O (oder der Ziffer 0) entsprechen soll.
Wegen dieser Verwirrungsmöglichkeit (L als Pegel oder L als Wahrheitswert) verwendet man in der Technik als Pegel H und L und als logische Werte 1 und 0.
Man spricht heute bei dieser Zuordnung von „positiver Logik".

Also:
Die Aussagelogik verwendet die Wahrheitswerte wahr und falsch.
Die Boolsche Algebra ordnet diesen die logischen Werte 1 und 0 zu.
Dazu wurde verabredet, dies mit den Pegeln H und L zu simulieren.

Vorübergehend gaben Firmen für ihre Gatter an, welche logische Funktion sie bei negativer und welche bei positiver Logik aufwiesen ([25]).

Die folgenden Abbildungen zeigen verschiedene Grundschaltungen für ein NAND-Gatter. Die wirklich verwendeten Schaltungen enthalten weitere Bauteile, die dann verschiedene Kenndaten festlegen (und eventuell mit Patenten zusammenhängen).
P ist mit dem positiven Pol der Spannungsquelle,
N mit dem negativen Pol verbunden.
Bei zwei Spannungsquellen sind beide mit dem Bezugspunkt
0 oder gnd verbunden.
Q ist der Ausgang der Schaltung.
Die Eingänge (oft A, B usw. oder E_1, $E_{2\,usw.}$) sind hier nicht benannt.

Im Anhang **5.1** steht eine kurzgefaßte Erläuterung zu den Transistoren.

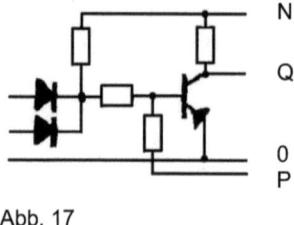

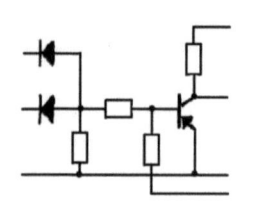

Abb. 17   Abb. 18

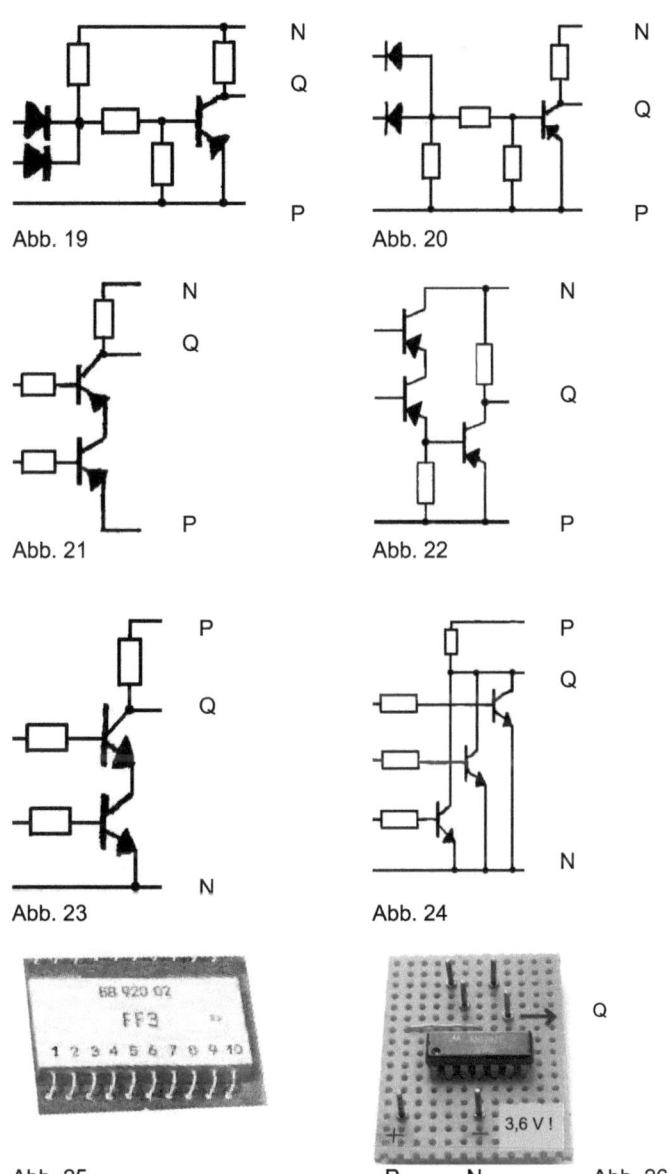

Abb. 19

Abb. 20

Abb. 21

Abb. 22

Abb. 23

Abb. 24

Abb. 25

Abb. 26

11

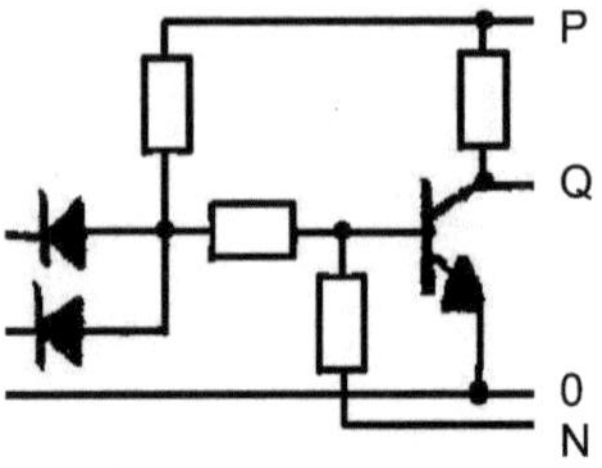

Abb. 27

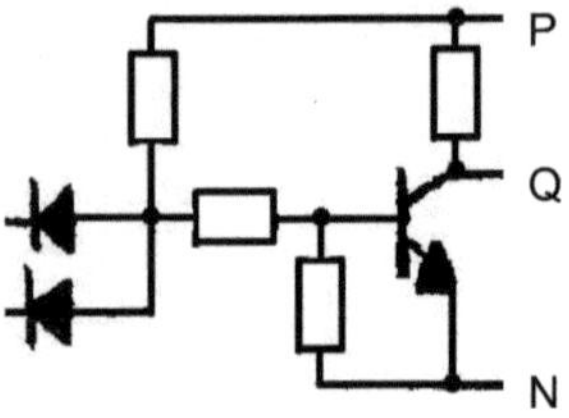

Abb. 28

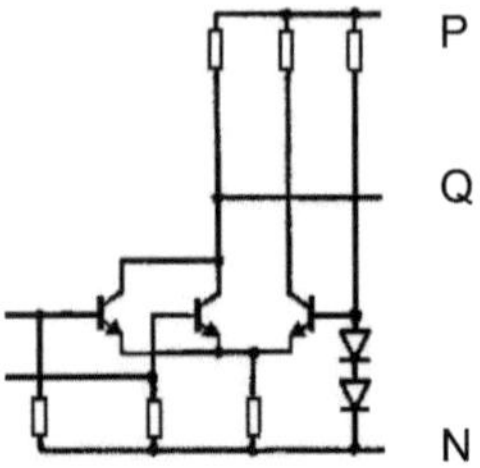

Abb. 29

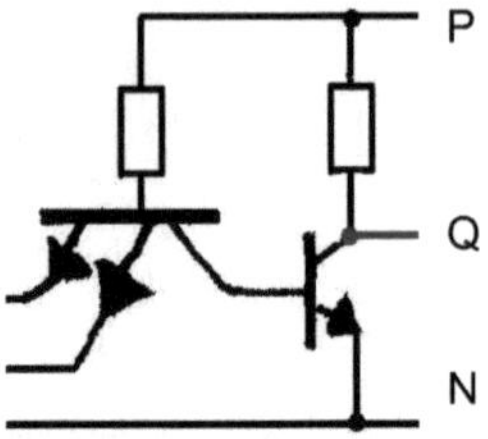

Abb. 30

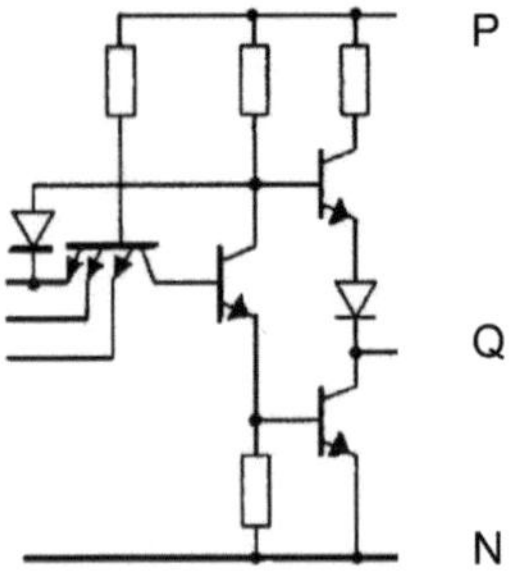

Abb. 31

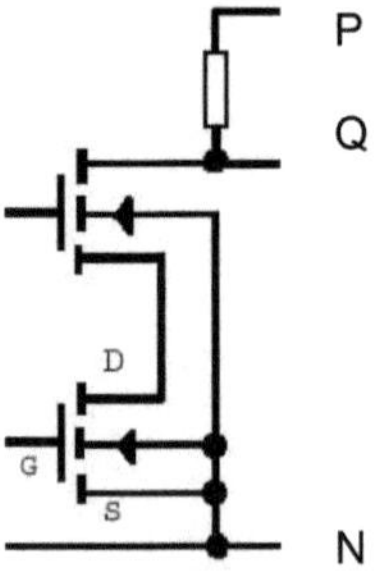

Abb. 32

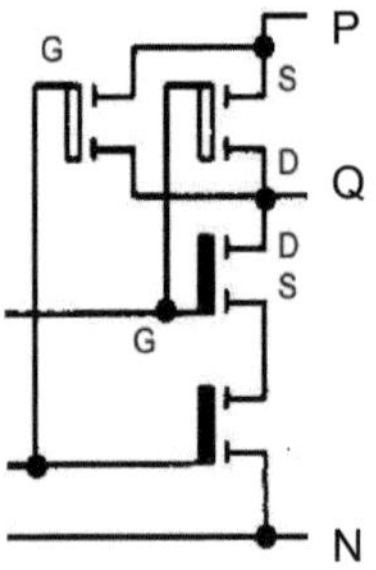

Abb. 33

Wie bei dem Magnetkern-Gatter wurden auch mit Halbleitern Majoritäts-Gatter (auch Schwellwert-Gatter oder Threshold-Gatter genannt) erprobt.

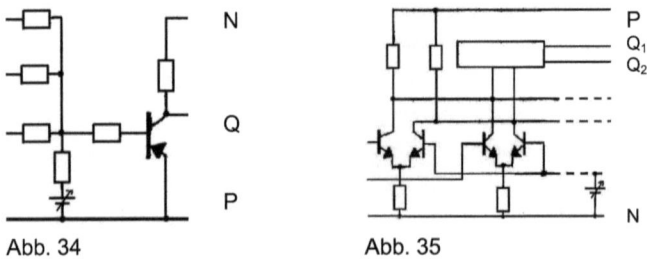

Abb. 34

Abb. 35

Mit einer einstellbaren Spannung wird festgelegt, ob ein NAND-, ein Majoritäts- oder ein NOR-Gatter (und mit dem anderen Ausgang die jeweils inverse Funktion) vorliegt.

1964 wurde mit etwa 3500 dieser Gatter nach Abb. 34 der Rechner DONUT (Digitally-Operatet-Networks-Using-Thesholds) ([26]) von der Fa. G.E. Company gebaut.

Abb. 35 zeigt eine verbesserte Schaltung, die dann so ähnlich in einem IC eingesetzt wurde. ([27]).

2.11 Bewertung

Von der Logik her sind die hier aufgezählten Varianten (es gibt sicherlich noch mehr) gleichwertig.

Es wird mitunter ([28]) darauf verwiesen, daß es bei logischen Entscheidungen oder beim Bewußtsein um die Verarbeitung von Informationen und nicht um Energie oder die gerade verwendete Hardware geht und man also bei genügend komplizierten Anlagen Selbstbewußtsein anzunehmen ist. Das verstehe ich so, daß es sowohl für die heute in IC's benutzten Aufbauten nach Abb. 33, aber auch für entsprechend komplizierte Rechner mit Gatter nach Abb. 1 gilt.

Die Informationsverarbeitung muß aber aktiv stattfinden, denn sonst würde ja auch der Verdrahtungsplan des Computers bereits Selbstbewußtsein haben können.

Von der Bedienung her sind für umfangreiche Anlagen die mechanischen und elektromechanischen Aufbauten extrem unpraktisch. Daher werden die Aufbauen heute mit IC's nach Abb. 33 gebaut und nur ihnen Bewußtsein zugetraut.

Hier wurde davon ausgegangen, daß sowohl alle logischen Operationen als auch die Speicherung (2 Gatter werden zu einem Flip-Flop verbunden) mit NAND's zu erreichen sind. In der Praxis werden für alle Funktionen eigene IC's gefertigt und viele derartige Gruppen in einem IC zusammengefaßt. Ob die Gatter diskret aufgebaut oder in eine integrierte Schaltung zusammengefaßt werden, ist für die Logik ohne Bedeutung.

Zu den anfangs höher integrierten Bausteinen gehörte das IC 74181 ([25]), das noch im Tischrechner WANG 2200 als zentrale Recheneinheit (heute Prozessor) verwendet wurde.

3. Nervenzelle

Wenn mitunter geschrieben wird, daß eine Synapse durchlässig, die Nervenzelle also aktiv (= **1**) oder undurchlässig, also in Ruhe (= **0**) sein kann, ist diese Zweiteilung vereinfachend gemeint ([29]).

Dabei müßte man schon bei „in Ruhe" zwei Varianten unterscheiden:

„in Ruhe", da nicht aktiviert und „in Ruhe", da in der Refraktärphase, also gerade nicht aktivierbar.

Die Nervenzelle kann also nicht oder mit steigender Frequenz bis z.B. f = 800 Hz „feuern", also Aktionspotentiale über sein Axon weiterreichen. Die Intensität des Eingangssignals wird in eine Frequenz übersetzt ([30]).

Je nach dem Ort der Synapsen (ihre Anzahl kann pro Nervenzelle einige Hundert betragen) hat ein eintreffendes Aktionspotential einen unterschiedlichen Einfluß auf die Ausgangsfrequenz. Dadurch kann eine Nervenzelle sowohl wie ein UND-Gatter, wie ein Majoritäts-Gatter oder wie ein ODER-Gatter wirken.

Es gibt neben diesen aktivierenden Synapsen auch hemmende, die die Aktivität der Nervenzelle auch völlig unterdrücken können.
Eine Nervenzelle kann auch spontan aktiv sein, also mit der sogenannten Neutral- oder Nullfrequenz feuern. Durch aktivierende Synapsen kann dann die Ausgangsfrequenz erhöht werden und für uns z.b. beim Farbensehen zur Rotempfindung führen. Durch hemmende Synapsen kann die Frequenz abgesenkt werden und für uns zur Grünempfindung führen. Die Neutralfrequenz empfinden wir dann als diesbezüglich unbunt (Weiß, Grau, Schwarz).
Eine Nervenzelle kann auch an eine Daueraktivierung oder Dauerhemmung adaptieren.
Die Gewichtung einer Synapse kann durch ihre eigene Aktivität oder durch Tranmitter der Nachbarsynapsen oder durch äußere chemische Stoffe verändert werden. Dies tritt z.B. beim Lernen auf.

Die aufgezählten Leistungen (es gibt vielleicht noch mehr) beziehen sich auf **eine einzige** Zelle und allein im Gehirn befinden sich etwa 12×10^9 Nervenzellen.

4. Und nun?

Selbst wenn die technische Funktion eines technischen Aufbaus so gut verstanden ist, daß man sie vielleicht sogar reparieren kann, ist ihre „logische Funktion" vom Aufbau her nicht festgelegt.
Wird (als Kürzel) gesagt, daß ein Computer eine logische Entscheidung trifft, so ist folgendes gemeint:
Der Computer manipuliert nach **von uns** festgelegten Regeln Zustände, wobei **wir** entschieden haben, welche Bedeutung diesen Zuständen **momentan** zukommen soll. Er simuliert gewissermaßen die Denkvorgänge. Bei dem im Abschnitt **2.8** angegebenen Isomat ([17]) wird entsprechend von Isomorphie gesprochen. Und isomorph bedeutet nicht identisch.

Wenn es nun um das Selbstbewußtsein bei Computern geht muß man beachten, daß in den Erläuterungen zum Selbstbewußtsein beim Menschen die Beziehungen zu seinem Nervensystem auch noch nicht völlig geklärt sind ([31]).
Es gibt Gehirnabschnitte, deren Tätigkeit mit Bewußtsein begabt sind und genauso komplexe und komplizierte Abschnitte, die es nicht sind.
Über einen anatomischen oder organisatorischen Unterschied zwischen beiden Bereichen des Nervensystems habe ich noch nichts gelesen.
Dazu ein Beispiel ([32]): Bei einer bestimmten Verletzung des Gehirns kommt es anschließend zum „blindsight"-Phänomen (Gehirnrinden-Blindheit). Der Patient ist bei völlig intakter Netzhaut völlig blind. Legt man vor ihm z.B. Besteck auf den Tisch und fordert ihn auf, z.B. den Teelöffel zu ergreifen, so erscheint ihm dies natürlich völlig unsinnig, aber trotzdem ergreift er ihn schnell und gezielt ohne zu suchen. Es funktionieren hier also Nervenkomplexe weiterhin völlig korrekt, aber jetzt ohne den sonst vorliegenden Aspekt des Bewußtseins.
Die verschiedenen Aspekte eines wahrgenommenen Gegenstandes (z.B. ein Ball ist klein, rot und grün gemustert, er bewegt sich auf mich zu, ist schwer etc.) werden einheitlich wahrgenommen. Es ist noch nicht klar, wie dieser „Bindungsprozeß" im Gehirn gelöst ist. Es gibt die Hypothese, daß die an verschiedenen Gehirn-abschnitten verarbeiteten Aspekte dadurch einheitlich verbunden werden, daß in

den ja räumlich getrennten Bereichen synchrone Oszillationen auftreten ([33]). Es existiert den Befunden nach keine Zusammenfassung an einem Ort.
Wie das für das Selbstbewußtsein notwendige Gedächtnis bei uns im Gehirn aufgebaut und abgefragt werden kann, ist wohl noch nicht geklärt. Es erfolgt sicherlich nicht wie beim Computer: dort wird entweder sequentiell - wie auf ein Tonband - gespeichert oder es werden jeweils Daten und die Folgeadresse an einer Adresse, also an einem Ort, zusammengefaßt.
Zu Speicherung von prozeduralen Ereignissen, die anschließend auch unbewußt abgerufen werden können, habe ich noch keine Erläuterung gehört.

Mich überzeugende Argumente für oder gegen ein Selbstbewußtsein der Computer habe ich nicht gelesen.
Also wenn schon, dann müßte man jedem unterschiedlichen System ein andersartiges „Selbstbewußtsein" zubilligen.

An das Userport eines C64 hatte ich (1986) einen primitiven Berührungssensor (zwei sich berührende Bleistiftminen) angeschlossen und auf das Gerät gelegt. In einem einfachen Progrämmchen wurde dann vorgegeben, daß bei kurzem Anstoßen des Gerätes auf dem Bildschirm „Paß doch auf" und bei längerem oder kräftigeren Anstoßen „Aua" ausgegeben wurde. Hatte nun der C64 Schmerzen?

Was geschieht mit dem eventuell vorhandenen Selbstbewußtsein eines Compters, wenn **wir** die verwendeten Gatter z.b. nicht mehr als NAND, sondern als NOR oder ein elektronisches Gatter nicht mehr nach der „positiven", sondern nach der „negativen Logik" interpretieren? Und was geschieht mit ihm, wenn man einen Teil eines Computers mit einer anderen Sorte Gatter gleicher Funktion austauscht?
All das verstehe ich nicht.

5 Anhang

5.1 Vereinfachte Erläuterung zum Transistor

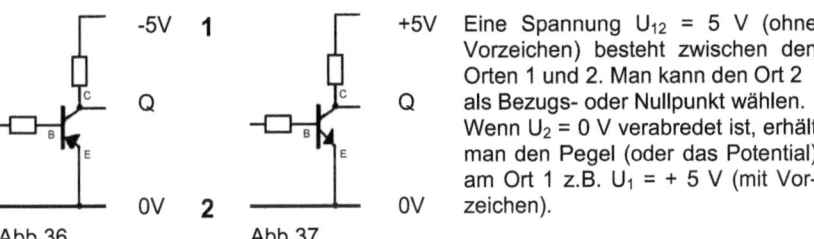

-5V **1**	+5V	Eine Spannung U_{12} = 5 V (ohne Vorzeichen) besteht zwischen den Orten 1 und 2. Man kann den Ort 2 als Bezugs- oder Nullpunkt wählen. Wenn U_2 = 0 V verabredet ist, erhält man den Pegel (oder das Potential) am Ort 1 z.B. U_1 = + 5 V (mit Vorzeichen).

Abb.36   Abb.37

Physiker reden meist von Potential, Techniker meist von Pegel.
Zur Vorhersage des Pegels U_Q am Ausgang Q in Abhängigkeit des Pegels U_E am Eingang E benötigt man die aus einem einfachen Versuch gewonnene Kenntnis, daß der Widerstand zwischen E (Emitter) und C (Kollektor)
groß ist, wenn B (Basis) in etwa den Pegel von E hat
(z.B. U_{BE} < 0,4 V) und

15

klein ist, wenn der Pegel bei B sich dem Pegels von C annähert
(z.B. U_{BE} > 0,8 V).
Bei PNP-Transistoren (Abb. 36) liegt C in Richtung des negativen Pegels,
bei NPN-Transistoren (Abb. 37) in Richtung des positiven Pegels.
Bei den MOS-Transistoren vom n-Typ (Abb. 32) ist der Widerstand zwischen D
(Drain) und S (Source) klein, wenn an G (Gate) der H-Pegel und groß, wenn dort der
L-Pegel anliegt.
Bei den CMOS-Transistoren (Abb. 33) ist der schwarz markierte ein n-Typ. Er
verhält sich wie der eben beschriebene. Der weiß markierte Transistor ist ein p-Typ,
der sich umgekehrt verhält.

Dann erlaubt das „Ohmsche Gesetz" (U = I • R) auch ohne Rechnung die
Vorhersage, ob der Pegel bei Q (also die Ausgangs-Spannung U_{QO}) hoch (H) oder
niedrig (L) ist.

5.2 Selbstbau des Feder-Schnur-Gatters

Schnell zusammengebaut funktionierte das Rechengatter aus „Apraphul" (statt der
vier Rollen bei DEWDNEY benutze ich einfach Nägel) wie gewünscht. Um die
Fäden gespannt zu halten, (was sonst von voran- und nachgeschalteten Modulen
bewirkt würde,) wurde es um die drei hier horizontal angeordneten Federn ergänzt.
Die beiden weißen Nägel an den Eingängen werden in Löchern eingesteckt und so
die Eingangswerte vorgegeben. (Vgl. folgenden Selbstbaus.)

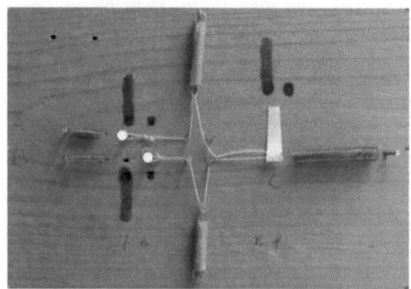 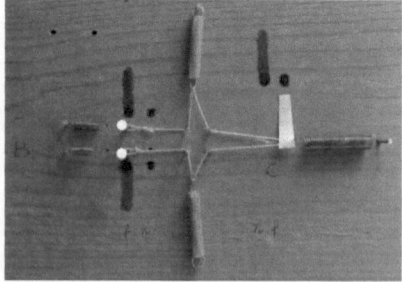

Fall (B)
   A = fern, B = nah   ergibt C = nah
bzw A=links, B=rechts ergibt C=links
Abb. 34

Fall (D)
   A = fern, B = fern   ergibt C = fern
bzw. A=links, B=links   ergibt C=rechts

Quellen

1   **41**, Seite 208 und 211

2   **16**, Seite 88

3   Z.B. in **3**, Seite 175; **26**, Seite 18 usw.

4   **24**, Seite 121

5   **11**, und **20**

6   **23**, Seite 635 und **30**, Seite 48

7   **10** In Heft 10 wird dieser Entwurf von H.W. Lang nur als NAND-Gatter interpretiert.
Die in Heft 4 und Heft 10 stehenden Erläuterungen zur Bedienung des Rechners sind hübsch zu lesen.

8   Die Randloch-Karteikarten wie Abb. 3 sah ich so um 1965 herum bei dem Zoologie-Dozenten Dr. R. Jander, der nach jedem gelesenem Artikel Karten mit einer Lochzange markierte. Als ich dies kurz darauf Herrn Blüm, OStR, (vgl. **7** und **8**) erzählte, sagte er, die Karten könne man im Unterricht auch zur Demonstration in der Mengenlehre verwenden.
Ob er damit nur die UND-Funktion oder es so meinte, wie bei meinem daraufhin ausgedachten Spielchen, weiß ich nicht.
Die Demokarten sind mit einem Bürolocher gefertigt

9   Nach einem zerlegten Zylinderschloß

10   Nach Skizzen, die ich mir nach einer Fernsehsendung so um 1975 anfertigte. Vermutlich wurde sie von Jean Pütz **32** moderiert

11   **25**, Seite 56

12   **25**, Seite 57

13   **47** dort dann: „Zuses-Rechner", dann „Z1" bzw. „Z2" anklicken

14   **29** Spielcomputer Logikus von KOSMOS

15   **17**, Hardwaremuseum VIII

16   **5**, Seite 28; **16**, Seite 257; Sonderdruck von **18**, Seite 6; Sonderdruck von **35**, Seite 8; **41**, Seite 36 und 41,

17   **34**, Seite 131 und 135: Isomat der Fa. Phywe

18   **7** Programmgesteuerter Lehr-Computer der Fa. Phywe
mit : 1 bit Prozessor und 8 Befehlen
1966 von Schülern und H. Blüm entwickelt
Abbildung dazu unter „ub.fnwi.uva.nl/computermuseum/phywe.html"

19   z.B. **3**, Seite 28; **16**, Seite 101

20   **21**, Seite 299; **42**, Seite 48, erweitert als Parallelschaltung
Wenn bei einem Gitter der Pegel positiv wird, sinkt der Widerstand zwischen Anode und Kathode, also wird der Pegel an der Anode weniger positiv

21   Das erzählten Mathematik-Studenten, die von Frankfurt aus dort rechnen ließen. Sie hatten dann für eine Rechnung einen Stoß Hollerithlochkarten vor sich und stöhnten z.B.: „Error: Karte 47".

22   **39**, Seite 37 High und Low

23   **37**, Seite 105; **26**, Seite 3

24   **43**, Seite 238

25   **39**, Seite 110. Die dort abgebildete Schaltung des 74181 enthält 62 Logikgatter. Man kann die Schaltung also noch vollständig durchschauen – nur ist es halt etwas mühsam.

44, Seite 28 und Motorola vgl. hier Abb. 20 und 22
Bei dem Lectron-System wurde zuerst (**37**) die negative Logik und dann (**6** und **8**) die positive verwendet

26 **25**, Seite 55
27 **25**, Seite 59 und 63
28 **41**, Seite 208
29 **2**, Seite 23
30 für diesen Abschnitt z.B.: **12** oder **36** oder andere Physiologie-Bücher
    Nervenverschaltungen z.B. in **6**, Seite 46; **13**, Seite 28 und 32; **28**, Seite 22
31 **33**, Seite 192 und 198
    So mal gelesen, aber im Prinzip auch in **33**, Seite 194
32 **33**, Seite 242

Alles eigene Abbildungen oder eigene Fotos

Abb.
17 **44**, Seite 40
    Die 2 Dioden und der Widerstand zu N werden N-Gatter genannt, daran folgt ein Inverter (Seite 39)
    Bei negativer Logik als NAND, bei positiver Logik als NOR bezeichnet mit den Symbolen L und O
18 **5**, Seite 38; **14**, Seite 33; **19**, Seite 5; **35**, Seite 7; **44** Seite 119; **45**, Seite 324
    Die 2 Dioden und der Widerstand zu P werden P-Gatter genannt, daran folgt ein Inverter.
    Bei positiver Logik als NAND, bei negativer Logik als NOR bezeichnet.
    4, Seite 245 , logisch L entspricht dem Pegel H; **38**, Seite 137; **45**, Seite 324
19 **37**, Seite 105;
20 **37**, Seite 75
21 **4**; Seite 247; **38**, Seite 138
22 **35**, Seite 5
23 **22**, Seite 59; **26**; Seite 9. (Pegel H entspricht L); **27**, Seite 9 (Pegel H entspricht 1)
24 Nach einem Datenblatt zum Motorola IC MC 792 P bei der Fa. Braun-Lectron (**9**). In dem IC sind drei der abgebildeten Schaltungen enthalten.
    In Lectron-Bausteinen des Systems 1300 bei positiver Logik verwendet **8**
25 Beispiel aus einer Serie von diskret aufgebauten Schaltungen mit genormten Gehäuse 5,5 cm x 2,4 cm x 1 cm mit 10 Anschlüssen. Enthalten waren bis zu 8 Transistoren.
    Das Foto des FF3 (ein Flip-Flop) zeigt 1/8 einer Platine „Zehnerzähler", (etwa 12 cm x 16 cm). Bei der Fa. Braun-Lectron (**9**) aufgenommen.
26 Foto des Versuchsaufbaus zum Testen der Logik für Schüler/innen mit dem MC 792 P. Etwa 19 mm x 7 mm x 5 mm mit 14 Anschlüssen.
    Für diese integrierte Schaltung ist angegeben, daß sie bei positiver Logik als **NOR**-Gatter und bei negativer Logik als **NAND**-Gatter funktioniert. Das konnten die Schüler mit dem Versuchsaufbau ausprobieren.
    Achtung: nur für U = 3,6 V
27 **22**, Seite 61; **44**, Seite 119; **45**, Seite 324
28 **1**, Seite 149; **38**, Seite 137
29 **46** so um 1971 von ihm aufgemalt; ähnlich zu **22**, Seite 65
30 **1**, Seite 157; **22**, Seite 63; **39**, Seite 62
31 Bei manchen Baugruppen kann der Ausgang hochohmig geschaltet werden. Hier über die vordere Diode werden beide Ausgangstransistoren gesperrt und

somit von den folgenden Bauelementen trennen. Man spricht dann von einer Tristat-Funktion.
Bei Fa. Braun-Lectron (9) so um 1974 von einem Datenblatt der Fa. Texas Instruments abgemalt.
Entsprechend auch **39**, Seite 172 . Vgl. hier Abb. 11.

32 **1**, Seite 161
33 **22**, Seite 79
34 **25**, Seite 55
35 **25**, Seite 58. In dem Rechteck soll sich die Schaltung eines Schwellwert-Detektors befinden. Ähnlich einem IC von RCA 1967 und von Motorola 1973

(1) Albrecht, K. / Farber, M.: Elektronik mit Halbleiter-Bauelementen - Aulis Verlag, Köln 1973
(2) Anschütz, H.: Kybernetik -kurz und bündig - Vogelverlag, Würzburg 1967
(3) Bauer, F.L. / Goos, G.: Informatik, Bd. 1 - Springerverlag, Berlin 1971
(4) Beckmann, E.: Computer treffen logische Entscheidungen, Seite 246 - in **31**
(5) Bernhard, J.: Digitale Steuerungstechnik - Vogelverlag, Würzburg 1964
(6) Birett, H.: Funktionsmodelle - Versuche zur biologischen Nachrichtenverarbei-tung, (Anleitung zum Lectron-System), Diesterwegverlag, Frankfurt/M, 1974
(7) Blüm, H.: Der Computer - Industrie-Druck, Göttingen 1967
(8) Blüm, H.: Bool'sche Algebra - System 1300 - Lectron, Frankfurt /M
(9) Braun-Lectron AG: Frankfurt/M, Rüsselsheimerstrasse, 1971
(10) Dewdney, A. W.: Computer-Kurzweil - Spektrum 1989, Heft 4, Seite 5 - 11 und Heft 10, Seite 16-17
(11) Drösser, C.: Fuzzy Logik - Methodische Einführung in krauses Denken - rororo, Hamburg 1995
(12) Dudel, J. / Menzel, R./ Schmidt, R.F.: Neurowissenschaft - Springerverlag, Berlin 1996
(13) Erismann, T.H.: Zwischen Technik und Psychologie - Springer Verlag, Berlin 1968
(14) Evans, D.: Schaltungslogik und Speicher digitaler Rechenanlagen, S. 33 in **40**
(15) Feldtkeller, R.: Aufnahme und Verarbeitung von Nachrichten durch Organismen - Hirzel Verlag, Stuttgart 1961
(16) Flechtner, H.J.:Grundbegriffe der Kybernetik - Eine Einleitung - Wissen-schaftliche Verlagsgesellschaft, Stuttgart 1967
(17) Ganslandt, R.: Kosmos Logikus: Der Spaghettiprozessor - ZEIT vom 10.11.95
(18) Götz, E.: Binäre Schaltalgebra für ruhende Steuerungen - AEG-Mitteilungen, 1960, Heft 1 / 2, Seite 66-75
(19) Götz, E. et al.: Transistoren in Steuerungen mit logischen Schaltelementen - Elektrotechnische Zeitschrift, 1959, Heft 15, Seite 487 - 492
(20) Grauel, A.: Fuzzy-Logik - Einführung in die Gundlagen mit Anwendungen - B.I. Wissenschaftsverlag, Mannheim 1995

(21) Gronau, G.: Physikalisches Experimentierbuch - Viewegverlag, Braunschweig 1966

(22) Hahn, W.: Elektronik-Praktikum für Informatiker - Springerverlag, Berlin 1971

(23) Hassenstein, B.: Kybernetik und biologische Forschung, aus Handbuch der Biologie Bd 1/2 - Akademische Verlagsgesellschaft Athenaion, Frankfurt/M 1966

(24) Hassenstein, B.: Erklären und Verstehen in den Naturwissenschaften - Freiburger DIES Universitatis S. 100 bis 122 Verlag Schulz Freiburg 1967

(25) Hurst, S. L.: Schwellwertlogik - Hüthigverlag, Heidelberg 1974 Seite 56

(26) Kreß, K.: Digitale Elektronik und Computer - Diesterwegverlag, Frankfurt/M 1977

(27) Kreß, K. et al.: Elektronik - Diesterweg, Frankfurt/M 1989

(28) Küpfmüller, K.: Die nachrichtenverarbeitende Funktion der Nervenzellen - in **15**

(29) Lohberg, R.: Spielcomputer Logikus - Kosmos, Franckh Verlag, Stuttgart 1969

(30) Lorenz, K.: Die Rückseite des Spiegels - Piper, München 1973

(31) Pütz, J.. Einführung in die Elektronik - Fischer Verlag- Frankfurt/M 1974

(32) Pütz,J. (?): Die Zeichnung habe ich mir nach einer Demonstration in einer Fernsehsendung so um 1975, vermutlich moderiert von Jean Pütz, aufgemalt.

(33) Roth, G.:Das Gehirn und seine Wirklichkeit - Suhrkamp, Frankfurt/M 1994

(34) Schaefer, G.: Kybernetik und Biologie - Metzlersche Verlagshandlung, Stuttgart 1972, Seite 131 bis 137
Isomat, Phywe

(35) Schinze, G.: Das AEG-Steuerungssystem LOGISTAT - AEG-Mitteilungen, 1960, Heft 1 / 2, Seite 76 - 83

(36) Schmidt,R.F./Thews, G.: Einführung in die Physiologie des Menschen - Springerverlag, Berlin 1976

(37) Schubert, J.: Experimente zur Computertechnik - Braun-Lectron, Frankfurt/M

(38) Schweigert, H.: Elektronische Grundschaltungen - Franzis-Verlag, München 1967

(39) Siemens: Digitale Schaltungen - Datenbuch - , München 1977

(40) Steinbuch, K.: Informatik Computer und künstliche Intelligenz - Umschauverlag, Frankfurt /M1966

(41) Steinbuch Automat und Mensch Springerverlag Berlin 1971

(42) Telefunken: Taschenbuch für Röhren und Halbleiter – Ulm 1963

(43) Tischer, M.: PC 4 intern - DATA Becker, Düsseldorf 1994

(44) Valvo: Digitale-Bausteine - Hamburg 1968

(45) Walcher, W.. Praktikum der Physik - Teubner Verlag, Stuttgart 1971

(46) Wolf, H. (Elektrotechnik-Student): Schaltungen 25 aufgemalt

(47) www.horst-zuse.homepage.t-online.de